좀비 바이러스 연구

백명식 글·그림

강화에서 태어나 서양화를 전공했고, 출판사 편집장을 지냈습니다. 어린이들이 좋아하는 책을 쓰고 그릴 때 가장 행복합니다. 그린 책으로는 《몬스터 치과병원(전 4권)》《자연을 먹어요(전 4권)》《WHAT 왓? 자연과학편(전 10권)》 시리즈, 《책 읽는 도깨비》 등이 있으며, 쓰고 그린 책으로는 《돼지 학교(전 40권)》《인체과학 그림책(전 5권)》《맛깔나는 책(전 7권)》《저학년 스팀 스쿨(전 5권)》《명탐정 꼬치의 생태 과학(전 5권)》 시리즈 등이 있습니다. 소년한국일보 우수도서 일러스트상, 소년한국일보 출판부문 기획상, 중앙광고대상, 서울 일러스트상을 받았습니다.

안광석 감수

바이러스 박사님 안광석 교수님은 1985년 서울대학교 사범대학 생물교육과를 졸업하고 미국 일리노이 대학교에서 1994년에 박사학위를 받았어요. 박사 후 과정을 연구하는 동안 미국 샌디에고 스크립스 연구소에서 바이러스 면역학을 공부하였어요. 1997년에는 고려대학교 생명과학부 교수를 거쳤고 2004년 이후 현재까지 서울대학교 자연과학대학 생명과학부에서 바이러스 면역학을 연구하면서 헤르페스바이러스, 에이즈 바이러스와 관련된 60여 편의 국제 연구 논문을 발표하였어요.

좀비 바이러스 연구 4 도둑 바이러스

백명식 글·그림 | 안광석 감수
1판 1쇄 인쇄 2021년 3월 15일 | 1판 1쇄 발행 2021년 3월 21일 | 펴낸이 정중모 | 펴낸곳 파랑새
등록 1988년 1월 21일(제406-2000-000202호) | 주소 경기도 파주시 회동길 152 | 전화 031-955-0670 | 팩스 031-955-0661
홈페이지 www.bbchild.co.kr | 전자우편 bbchild@yolimwon.com | ISBN 978-89-6155-927-0 74470, 978-89-6155-923-2(세트)

ⓒ백명식, 2021

· 책값은 뒤표지에 있습니다.
· 저작자와 출판사의 허락 없이 이 책의 일부 또는 전체를 인용하거나 발췌하는 것을 금합니다.

어린이제품안전특별법에 의한 제품 표시
제조자명 파랑새 | 제조년월 2021년 3월 | 제조국 대한민국 | 사용연령 6세 이상

좀비 바이러스 연구

4 도툭 바이러스

백명식 글·그림 | 안광석 감수

파랑새

바이러스는 무생물처럼 보이지만 세포에 들어가는 순간 그 세포의 모든 것을 점령해요. 무엇보다 바이러스의 최고 무기는 자기 *복제이지요. 한번 복제되기 시작하면 놀랄 정도로 순식간에 복제가 됩니다.

바이러스는 숙주가 무엇이냐에 따라 세균바이러스, 동물바이러스, 식물바이러스로 나누기도 해요.
대부분의 바이러스들은 혼자 생명을 유지할 수 없기 때문에 살아 있는 숙주의 세포 속에서 생명을 복제해 나가요. 다른 생물체와 마찬가지로 바이러스도 유전적 특징을 물려받아 증식하고 돌연변이가 일어나기도 해요.

*복제: 본디의 것과 똑같은 것을 만드는 것을 말해요.

사람 바이러스

뎅기 바이러스

모기로 인해 감염되는 뎅기 바이러스는 아시아 태평양의 열대 지역, 중앙아메리카, 남아메리카, 아프리카에 걸친 여러 지역에서 발생해요. 사람과 사람 사이에는 거의 전염되지 않는데, 뎅기 바이러스 유전자를 가진 모기가 인천 영종도에서 채집된 적도

있었답니다. 뎅기 바이러스에 의한 전염병이 바로 뎅기열인데 이것을 예방하려면 위험 지역에 방문했을 때 모기에 물리지 않도록 조심하는 것이 중요해요.

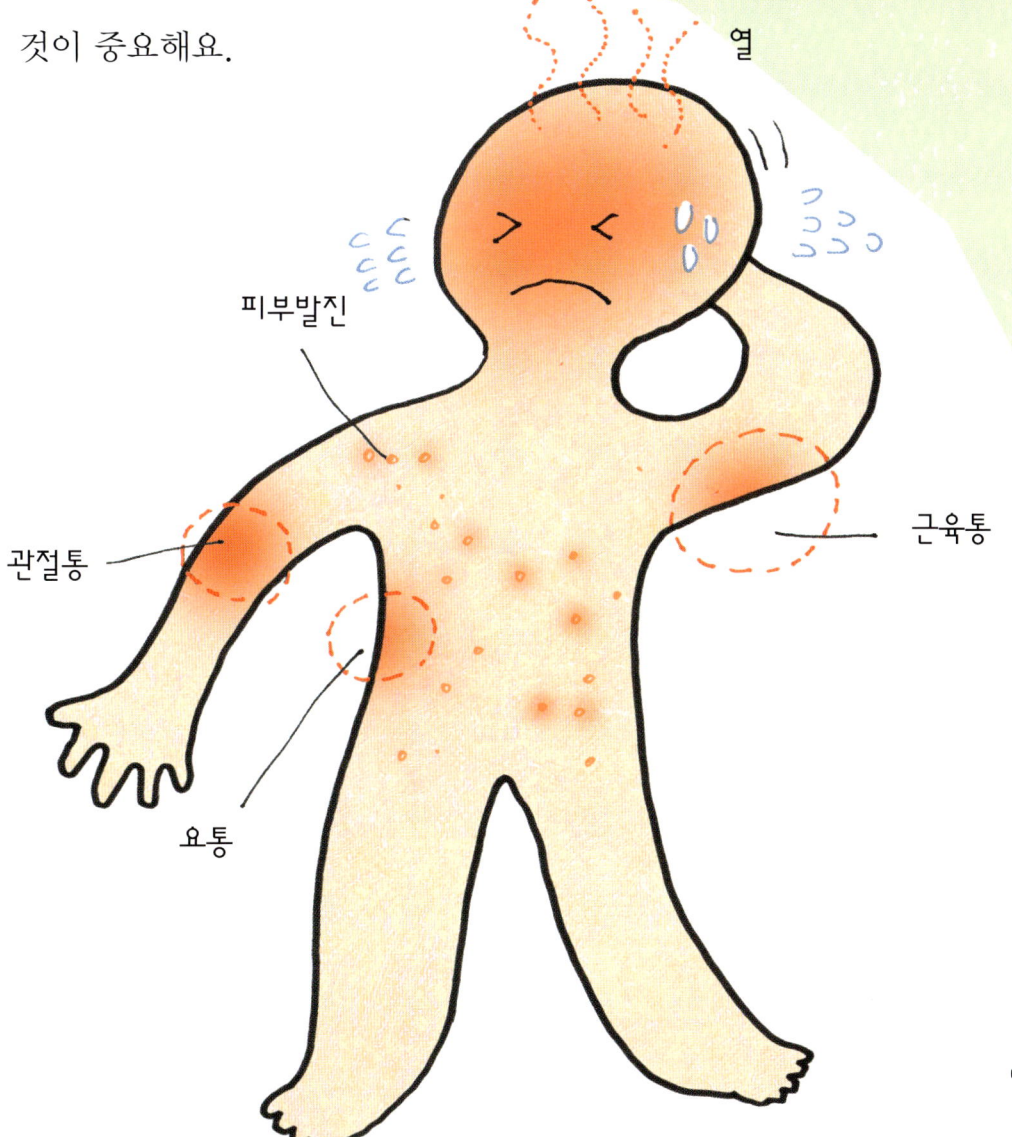

에볼라 감염 경로

에볼라 바이러스

아프리카 콩고민주공화국에서 처음 발견된 에볼라 바이러스는 주로 아프리카에서 유행하는데, 지렁이처럼 생긴 특징이 있죠. 몇몇 동물 종류가 숙주일 것으로 추청되고 있어요. 인류가 밀림을 개발하면서 고릴라, 침팬지 등의 바이러스가 사람에게 전파되었을

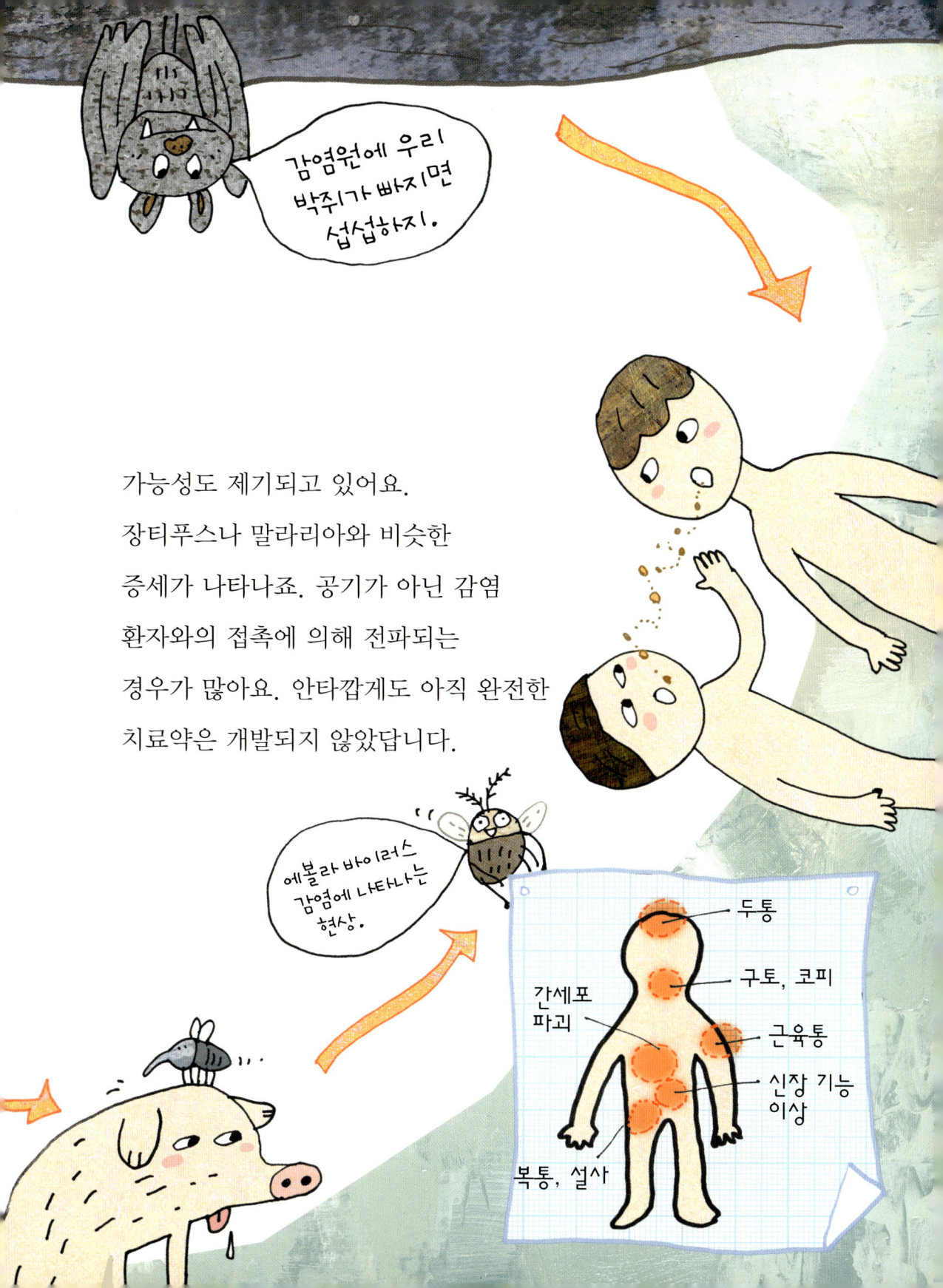

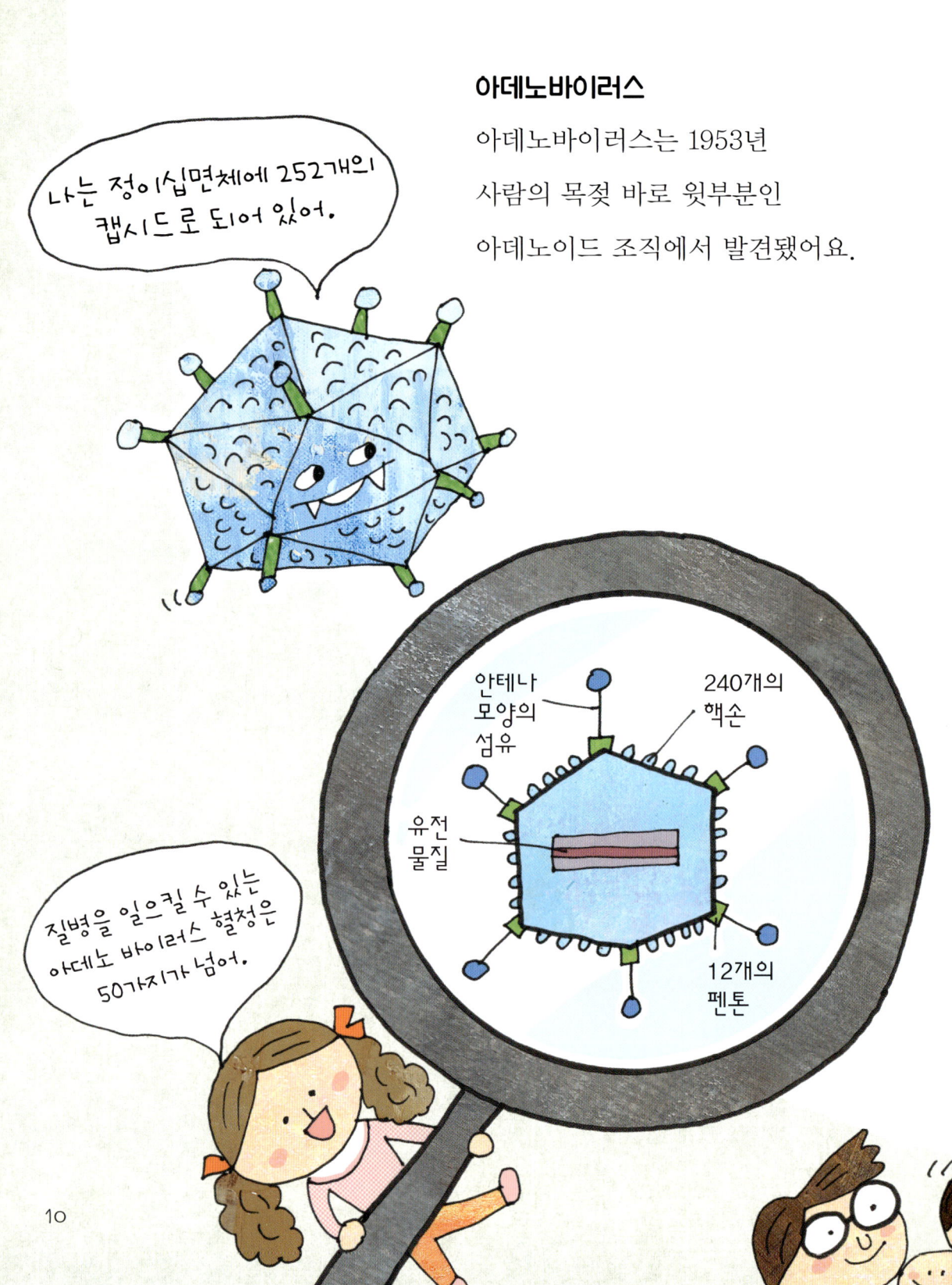

이 바이러스는 주로 척추동물에서 발견되는데, 특히 어린이 호흡기 질환으로 콧물, 기침 증세가 나타나요. 아데노바이러스는 비교적 배양이 쉽고 유전자 조작이 간편하여 과학자들이 많은 질병 정보를 얻고 있어요.

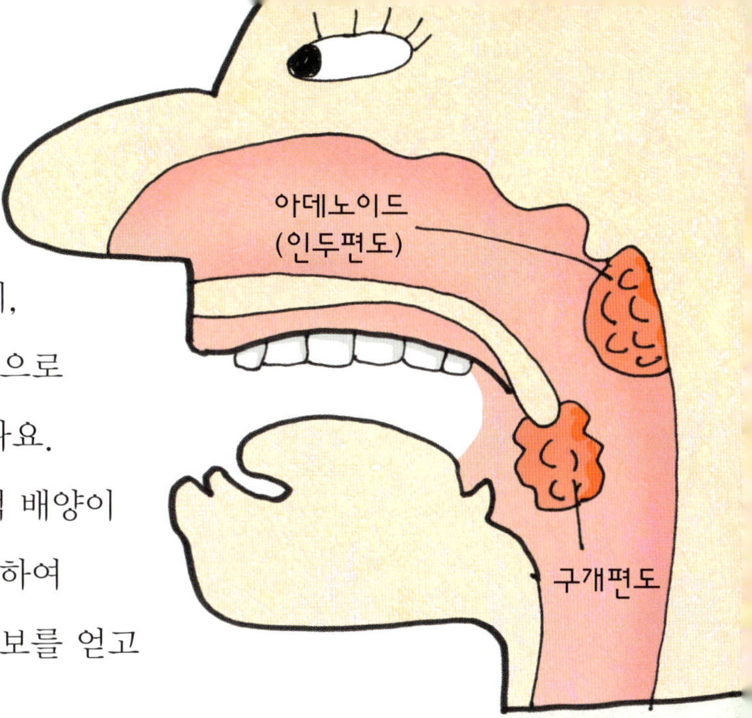

아데노이드 (인두편도)

구개편도

아데노 바이러스 예방법

마스크 착용

사람들이 많이 모이는 곳은 피할 것.

손을 자주 씻어.

면역 결핍 바이러스

면역 결핍 바이러스는 혈액 속으로 들어가 면역 기능을 마비시켜요. 이에 따라 여러 질병에 걸리고 심한 경우 죽습니다. 흔히 후천성 면역 결핍증을 에이즈라고 부르지요.
원래 사람의 혈액 속에 존재하는 항체는 외부에서 들어온 병균을 막아 주는데, 면역 결핍 바이러스에 의해 항체가 약해지면 쉽게 감염되겠지요. 면역 결핍 바이러스는 수혈이나 혈액을 통해서도 전염되고 산모에서 아기에게로 전염되기도 해요. 발견된 이래 오랜 세월 불치병으로 알려졌고, 실제 많은 환자들이 사망했어요. 그러나 이제는 약물 치료로 고혈압이나 당뇨처럼 관리하는 질병으로 여겨지고 있어요.

면역 결핍 바이러스의 전파 원인

사람간의 성적접촉

인플루엔자 바이러스

인플루엔자 바이러스는 사람과 여러 동물에서 호흡기 질병을 일으켜요. 보통 독감이라고 불러요. 독감은 일반적인 감기와는 달라요. 인플루엔자 바이러스는 크게 A형, B형, C형으로 나눠요.

A형: 인플루엔자 바이러스 중 가장 대표적인 녀석이에요. 조류나 사람을 포함해 포유류가 주로 감염되어요. 숙주는 조류라고 알려져 있어요.

B형: 주로 사람, 물개, 담비에게 감염을 일으키는데 많은 사람에게 전파될 수 있으므로 백신을 통해 예방해야 해요.

C형: 주로 사람, 돼지, 개에 감염을 일으켜요. A형, B형보다 병원성과 전염을 일으키는 정도가 낮다고 알려져 있어요.

붉은털원숭이

지카 바이러스

지카 바이러스는 1947년 우간다 지카 숲에서 살던 원숭이에게서 처음 발견되었는데, 뎅기열처럼 모기에 의해 전염된다고 알려져 있고 증상도 비슷해요. 지카 바이러스에 감염되면 피부에 발진이 돋고 갑작스럽게 열이 나며 온몸이 쑤시고 아파요.

*발진: 피부에 돋아나는 작은 종기예요.
*작은머리증: 머리 크기나 뇌가 정상보다 작은 병이에요. 예전에는 '소두증'이라고 불렀어요.

"내가 바로 이집트 숲모기!"

만약 임산부가 감염되면 머리가 작은 기형의 아기가 태어날 가능성이 있어요. 이렇게 태어난 아기는 장애를 앓거나 사망할 가능성이 높아요.

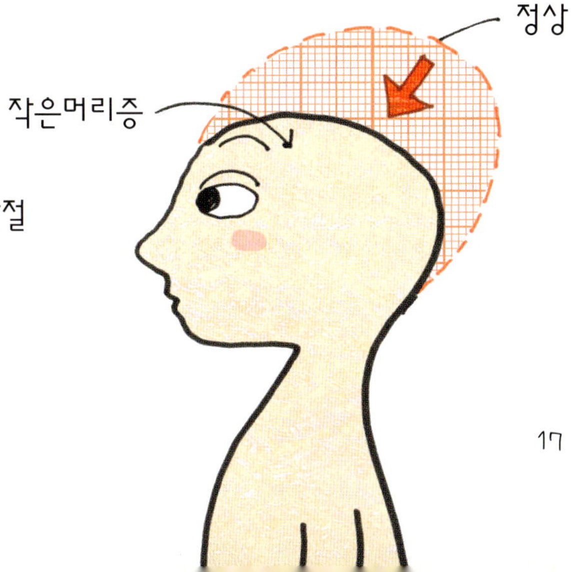

"머리둘레가 정상보다 작아. 뇌의 발달이 제대로 되지 않아."

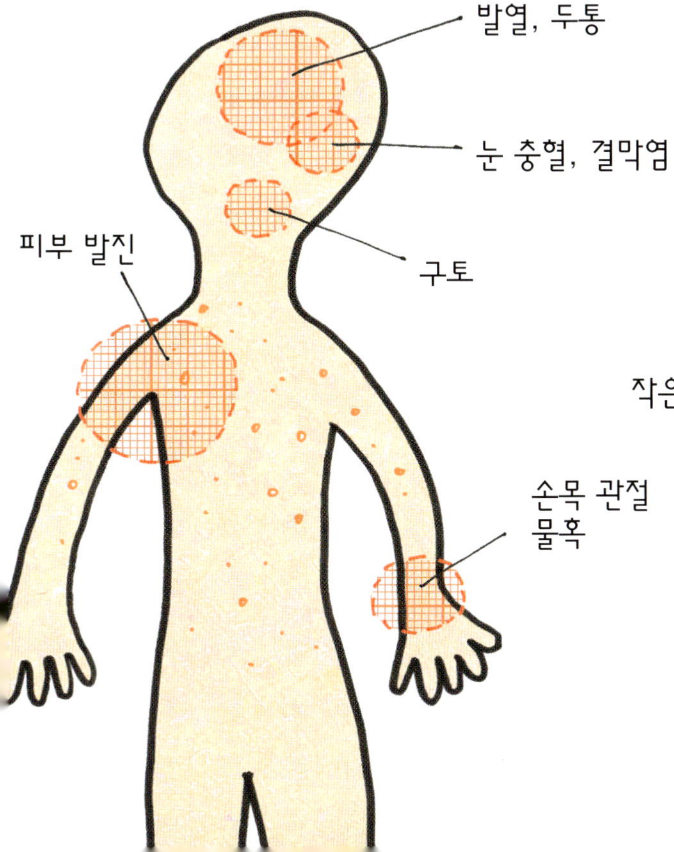

- 발열, 두통
- 눈 충혈, 결막염
- 구토
- 피부 발진
- 손목 관절 물혹
- 작은머리증
- 정상

수두대상포진 바이러스

수두대상포진 바이러스는 어린이에게 수두를 일으키고 어른에게는 대상 포진을 일으켜요. 처음에 바이러스에 감염되면 몸에 수두가 발생하고 회복된 뒤에도 바이러스가 몸속에 남아 있게 돼요. 오랜 시간이 지난 후 어른이 되어 바이러스가 여러

수두는 주로 10세 이하 어린이에게 발병해. 하지만 완치 후에도 바이러스가 몸에 남아 있다가 대상포진으로 나타나는 경우가 있어.

예전에는 딱지가 떨어져 얼굴이 얽으면 '곰보'라고 놀리기도 했지.

수두 바이러스

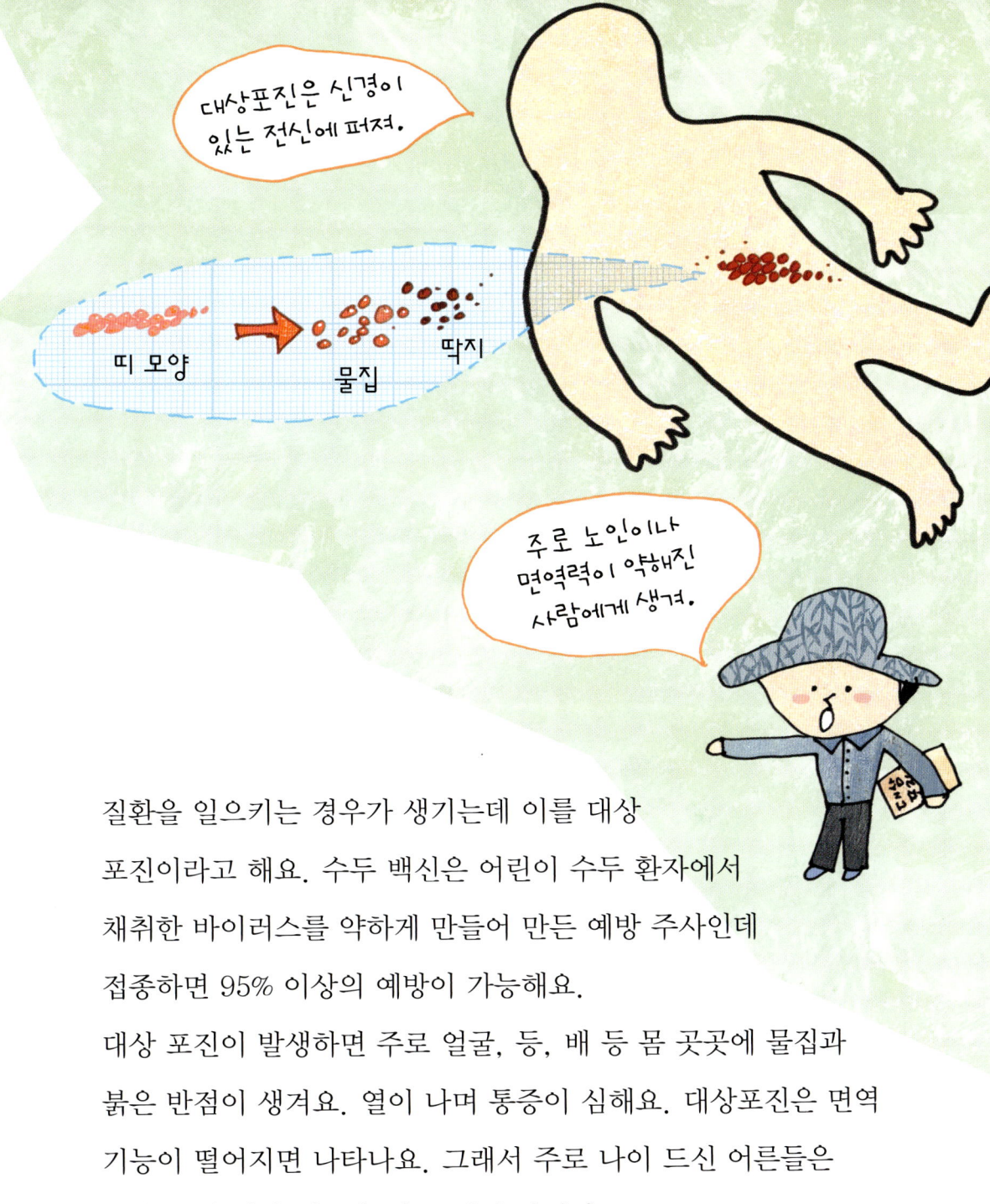

질환을 일으키는 경우가 생기는데 이를 대상 포진이라고 해요. 수두 백신은 어린이 수두 환자에서 채취한 바이러스를 약하게 만들어 만든 예방 주사인데 접종하면 95% 이상의 예방이 가능해요.

대상 포진이 발생하면 주로 얼굴, 등, 배 등 몸 곳곳에 물집과 붉은 반점이 생겨요. 열이 나며 통증이 심해요. 대상포진은 면역 기능이 떨어지면 나타나요. 그래서 주로 나이 드신 어른들은 대상 포진 예방 접종을 하는 것이 안전하죠.

척추동물 바이러스

아프리카돼지열병 바이러스

아프리카돼지열병 바이러스는 돼지에게만 감염되어 전염병을 일으켜요. 아프리카에서 발병해서 아프리카돼지열병 바이러스라 부르게 되었어요. 감염된 돼지의 눈물, 침, 똥, 오줌과 같은 분비물로 전염되죠.

이 병에 걸린 돼지는 소화불량, 구토, 출혈 등이 나타나다 죽음에 이르러요. 바이러스에 감염되어

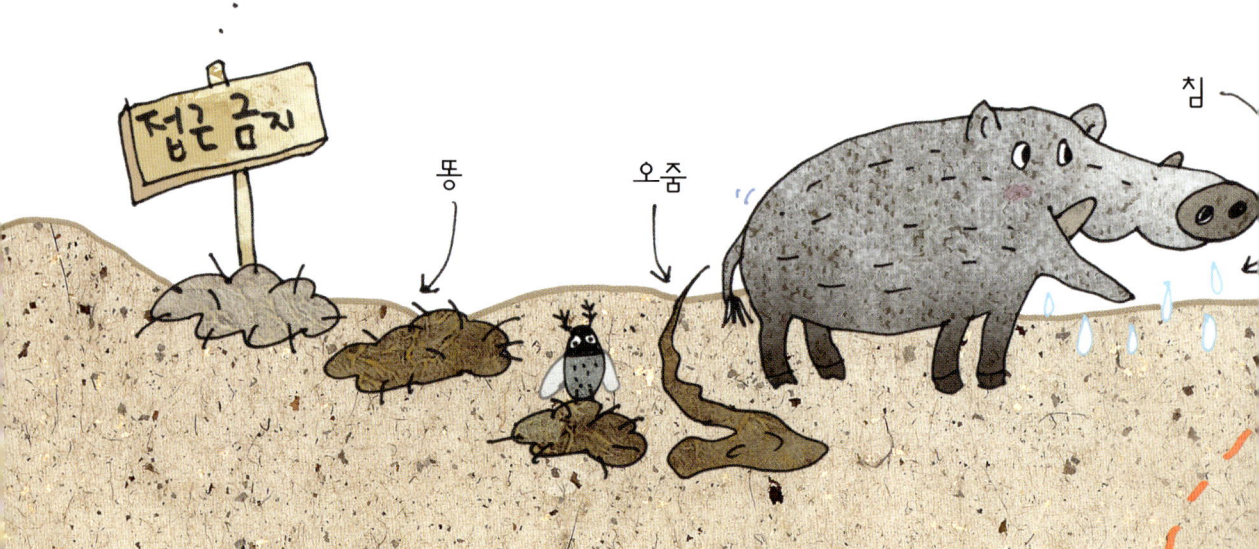

죽은 돼지로부터도 병이 전염될 수 있어요.
야생 멧돼지가 발병의 원인이 되는 경우가
대부분이므로 감염을 예방하고 차단하려면
야생 멧돼지의 이동 경로를 주의 깊게 살펴야 해요.

구제역 바이러스

구제역 바이러스는 동물의 바이러스로는 처음으로 밝혀진 병원체예요. 소, 양, 사슴, 돼지와 같이 발굽이 갈라진 동물에서 전염병이 발생하죠. 발굽, 젖꼭지, 입, 혀 등에 물집이 생기고 체온이 올라가고 식욕이 떨어지는 증상을 보여요. 구제역 바이러스의 복제는 감염 동물의 혀와 입속 세포에서 일어나요. 발굽이 썩는 고통으로 동물이 일어서거나 걷지 못할 때는

감염을 의심해야 해요. 증상이 심하면 가축이 무릎으로 기어 다니기도 해요. 동물의 이동과 차량, 사람, 사료, 기구 등에 의해 쉽게 감염될 수 있어요. 아직까지 완전한 치료법은 없어요. 그래서 구제역을 예방하는 가장 좋은 방법은 바이러스 혈청 몇 가지를 섞어 만든 백신을 접종하는 거예요.

우리는 안심!

광견병 바이러스

광견병은 감염 동물에게 물리거나 감염 동물이 할퀸 상처를 통해 감염되는 전염병이에요. 광견병 바이러스는 거의 모든 동물에 감염돼요. 늑대, 개, 들쥐가 다른 동물을 물면 그 침 속에 있는 바이러스가 상처를 통해 전염됩니다. 눈물이나 콧물 등으로 전염될 수도 있어요. 경련과 마비 증상, 사망을 일으킬 정도로 무서운

바이러스예요. 광견병에 걸리면 지나친 행동과 발작, 환각 등을 나타나요. 특히 물을 무서워하는 물 공포 증상이 나타나는 특징이 있어요. 광견병 바이러스의 모양은 총알처럼 생겼어요.

우역 바이러스

소의 전염병으로 사망률이 높고 전염성이 매우 강해요.

사료나 물 등에 의한 공기 감염, 오줌 등으로 전파되어요.

40도가 넘는 고열이 나타나고 식욕 부진과

우울 증상이 나타나요.

고름 같은 눈물과 콧물을 흘리고 심한 설사를 해요.

예방 백신의 효과로 1931년 이후로 우리나라에서는

우역이 발생하지 않고 있어요.

아르보 바이러스

아르보 바이러스가 일으키는 황열병은 주로 중남미와 아프리카 열대 지역에서 유행하는 전염병이에요. 바이러스가 간에 침투하여 황달을 일으켜요. 황열병은 크게 야생형과 도시형으로 구분해요. 야생 황열병은 원숭이로 인해 감염된 모기가 주로 전파시키고, 도시 황열병은 도시에 사는 모기가 바이러스를 옮겨요.

황열병은 사망률이 높은 매우 위험한 전염병이에요.
급성 신부전증이나 발작, 혼수상태를 보이고 사망해요.
황열병 예방 백신을 맞은 지 10년이 넘지 않은 사람은 굳이 백신을 다시 맞지 않아도 된답니다.

식물 바이러스

담배 모자이크 바이러스

식물 바이러스 중에 가장 처음 알려진 바이러스예요. 담배, 토마토 잎에 감염되면 작물 수확에 큰 피해를 주어요. 막대기 모양을 하고 있으며 감염된 식물의 즙이나 접촉으로 전염이 됩니다. 감염된 식물의 즙이 말라도 수십 년 후에도 병을 일으킬 수 있어요. 감염된 잎을 없애면 바이러스의 침입을 막을 수 있어요. 담배, 토마토, 고추, 오이 같은 채소는 물론, 꽃과 잡초에서도 모자이크병이 생겨요. 감염된 식물은 잎과 꽃, 열매 등에 얼룩이나 반점이 생겨 잘 자라지 못해요.

감자 바이러스

감자에 침범하는 20종 이상의 바이러스를 가리켜 감자 바이러스라고 부르는데 그중에 주로 우리나라에 많은 감자 바이러스 Y는 가지과 식물을 숙주로 삼아요. 감자 바이러스는 복숭아 혹진딧물 등 40여 가지 진딧물에서 전염되는데, 감염된 감자를 씨감자로 사용하면 수확량이 감소해요.

다행히 인체에는 해가 없는 것으로 알려져 있어요. 식물에 감염되면 치료제가 없어 일찍 발견해 없애는 방법밖에 없어요. 다행히도 감자밭에서 바이러스를 진단할 수 있는 진단 키트가 있어요. 진단 키트는 거름망에 감자 잎을 넣고 즙을 짜낸 뒤 진단 막대기를 담그면 몇 분 이내에 결과를 확인할 수 있어요.

오갈병 전염 경로

건강한 잎

오갈병 바이러스

벼오갈병 바이러스에 감염된 벼는 잎 전체가 짙은 녹색이 되며 잎맥에 백색의 점이 생겨요. 잎이나 줄기가 오그라들어 기형으로 변해 위축병이라고도 해요. 벼, 보리, 무, 콩, 파, 뽕나무 등에서도 볼 수 있어요. 병에 걸린 벼는 뽑아 땅에 묻어 버려요.

1. 배수가 잘되게 하고,
2. 질소비료를 많이 사용하지 말고,
3. 튼튼한 묘목을 심는다.

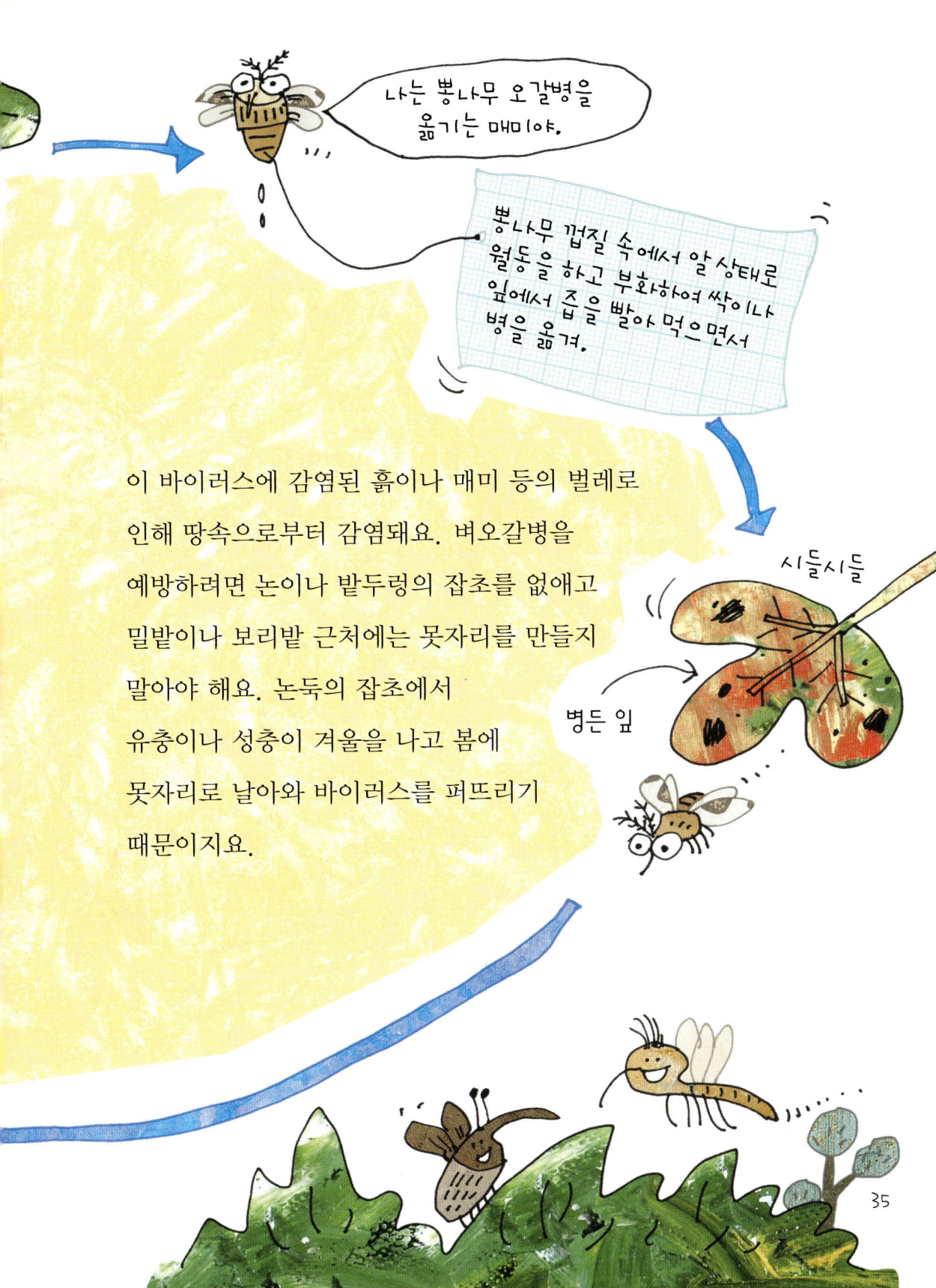

질병관리청에서 하는 일은?

대한민국 질병관리청은 국민의 보건을 위해 전염병을 관리하고 연구와 방역 업무를 합니다. 원래 국립보건연구원에서 질병을 연구하다가 2003년 중증 급성 호흡기 증후군인 사스가 대유행하자 설립됐어요. 보건소나 의료 기관들은 질병관리청과 연계하여 국민 건강을 보호합니다.

인력 양성
질병의 예측과 역학 조사의 전문 인력을 양성해요.

정책 운영
전염병 관련 법령과 정책, 제도 운영, 물자 등을 관리해요.

진단 개발
신종 병원체를 감시하고 분석하여 신속하고 정확한 진단법을 개발해요.

백신 공급
백신을 안정적으로 공급하여 국민의 집단 면역 체계를 관리해요.

질병 관리
정부 및 지방 자치 단체와 협력하여 전염병 예방하고 관리해요.